예수님이 보내는 편지 80

예수님이 보내는 편지 80

초판 1쇄 발행 2022년 05월 30일
초판 2쇄 발행 2022년 07월 15일

신고번호 제313-2010-376호
등록번호 105-91-58839

지은이 전선경
그림 윤연영

발행처 보민출판사
발행인 김국환
기획 김선희
편집 정은희
디자인 김민정

ISBN 979-11-92071-59-6   03230

주소 서울시 강서구 마곡서로 152, 두산타워 A동 1108호
전화 070-8615-7449
사이트 www.bominbook.com

- 가격은 뒤표지에 있으며, 파본은 구입하신 서점에서 교환해드립니다.
- 이 책은 저작권법에 의하여 보호를 받는 저작물이므로 무단 전재와 복사를 금합니다.

예수님이 보내는 편지 80

글 전선경 | 그림 윤연영

한알 한알 영그는 포도 알갱이에
내가 햇빛을 주고 빗물을 주고 바람을 보냈단다

프롤로그

좋은 시 한 편을 읽고 나면 마치 피톤치드를 마시는 것 같습니다. 심장은 고동치고 그 신선한 충격에 오래 머물게 되며 기분마저 좋아집니다. 좋은 시 한 편을 읽고 일렁이는 감동, 그 파도를 잠재우기에 어설픈 저의 가슴은 늘 뛰었습니다. 예수님이 보내는 편지가 독자들에게 예수님의 심장 소리가 들리는 편지가 되기를 기도합니다.

주님의 마음과 사랑, 위로와 정체성을 전해 주는 시들은 '예수님이 보내는 편지'라는 이름으로 1~80번까지 각각 다른 내용과 그림으로 양면 인쇄되어 국내뿐만 아니라 해외까지 우편으로 보내졌습니다. 예수님이 보내는 편지는 중고등학생, 청년, 중장년에서 노년뿐만 아니라 불신자에게까지 전해졌고 편지를 받은 사람이 또 다른 사람의 편지를 요청하는 경우도 있었습니다.

성령님의 터치가 없이는 쓸 수 없는 편지들이었습니다. 주님의 마음과 감동으로 펑펑 울면서 쓴 시도 있었고 때로는 고요히 눈물을 흘리거나 뭉클한 감동으로 쓴 시도 있었습니다. 주님을 알리고 싶었고 그 사랑을 전하고 싶었습니다.

'빛 그리는 윤꽃'의 그림과 시와의 만남, 편지마다 영감이 넘치는 그림을 그려준 윤꽃님에게 고마운 마음을 전합니다. 각자의 재능과 사명을 일깨워주시고, 이 길을 열어주신 Abraham Blessing Ministries(ABM)의 아브라함 정 박사님과 에미꼬 선교사님께 한없는 사랑과 감사를 드리며 「예수님이 보내는 편지 80」을 쓰게 하신 하나님께 모든 영광을 돌립니다.

- 시인 전선경

내게 더 가까이 오기 원하고 온 맘으로 나를 알기 원하니 보이리라, 나타내리라. 내가 너를 속량하였고 내 이름으로 너를 보호하리니 타오르는 불길의 역경 가운데서도 천사의 깃으로 너를 덮으리라. 네 발을 나에게 내밀렴. 내가 평안의 신을 신겨 주고 수치 가운데서 들어 올려 하늘 보좌로 이끌리라. 아무도 너를 상하게 할 수 없단다. 새로운 기름부음으로 멍에가 벗어지고 자유가 풀어지리니 네 입에는 찬양이 차오르고 형통함으로 나를 나타내게 되리라.

예수님이 보내는 편지 80

예수님이 보내는 편지 1

너의 기쁨이 나의 기쁨이란다
너와 함께한 모든 순간이 그랬단다

나를 향한 손짓
너만의 방법으로 나를 만났었지
비밀번호를 누르고 문을 열 때
특별한 은총이 쏟아졌지
순간순간의 고백에
입맞춤하여 주곤 했었지

네가 달려오는 걸음의 수만큼
심장의 박동수는 커졌고
우리들은 춤을 추었지

너는 나의 아로마
이제 슬픔은 달아났고
너의 안에서 이미
축제의 연주가 시작되었어

근사한 흰 드레스를 입고
나의 손을 잡고 돌 때
발걸음이 가벼워지고 가벼워져
꽃잎들도 춤을 추고
천상의 향기가 진동한단다

예수님이 보내는 편지 2

원을 그리며
바람이 불어왔었지
보이지 않았지만
나는 너를 늘 안고 있었단다

바람이 네 볼에 스쳐 간 기억처럼
너를 스쳐 간 사람들은
너를 기억하고 있단다

너의 웃음
너의 따뜻한 말
너의 표정
네 손의 온기를

너는 나의 눈에 띄었단다
내 눈은 너에게 향했었지

이제 내 품이 가장
포근하고
안전하다는 것을
알아줘서 고맙다

흔들림 속에서도
이제 더
신나게 즐기자꾸나

예수님이 보내는 편지 3

많은 사람들을 세워줘서
고맙다
여기까지 온 것을 칭찬해 주고 싶구나

너에게서 나오는 환상의 멜로디는
사람의 마음을 뚫고
하늘을 뚫고
어둠을 뚫어서
생명의 물줄기를 솟아나게 하는구나

환희에 찬
네 목소리는
나를 기쁘게 하는구나

음표의 뿌리가 나에게 닿아 있으니
너는 과실을 풍성히 맺을 수밖에 없구나

너의 눈물이 실개천을 지나 강물을 지나
바다에 이르렀고
사자의 포효소리를 내는구나

아름다운 자야
나와 함께 가자
너의 꿈이 이루어지는 것이
또한 나의 꿈이란다

예수님이 보내는 편지 4

나만을 붙잡고 왔구나
내가 너의 소망의 불이었구나
하나의 촛불이 어둠을 밝혔고
수많은 밤을 건너올 수 있었지

너의 기도는 뜨겁고
너의 사랑은 빛나는구나
너의 인내로 값진 영혼을 얻었구나

작은 것 같지만
너는 큰 자야
많은 자를
생명수강으로 인도하는
축복의 통로야

네 속에서 타오르는 사랑의 불을
꺼지지 않게 꺼지지 않게
내가 지켜줄게

기쁘게 기쁘게 이제
황금꽃으로 수놓아 준 길을
걸어오렴
내가 함께하는 길은
빛날 수밖에 없단다

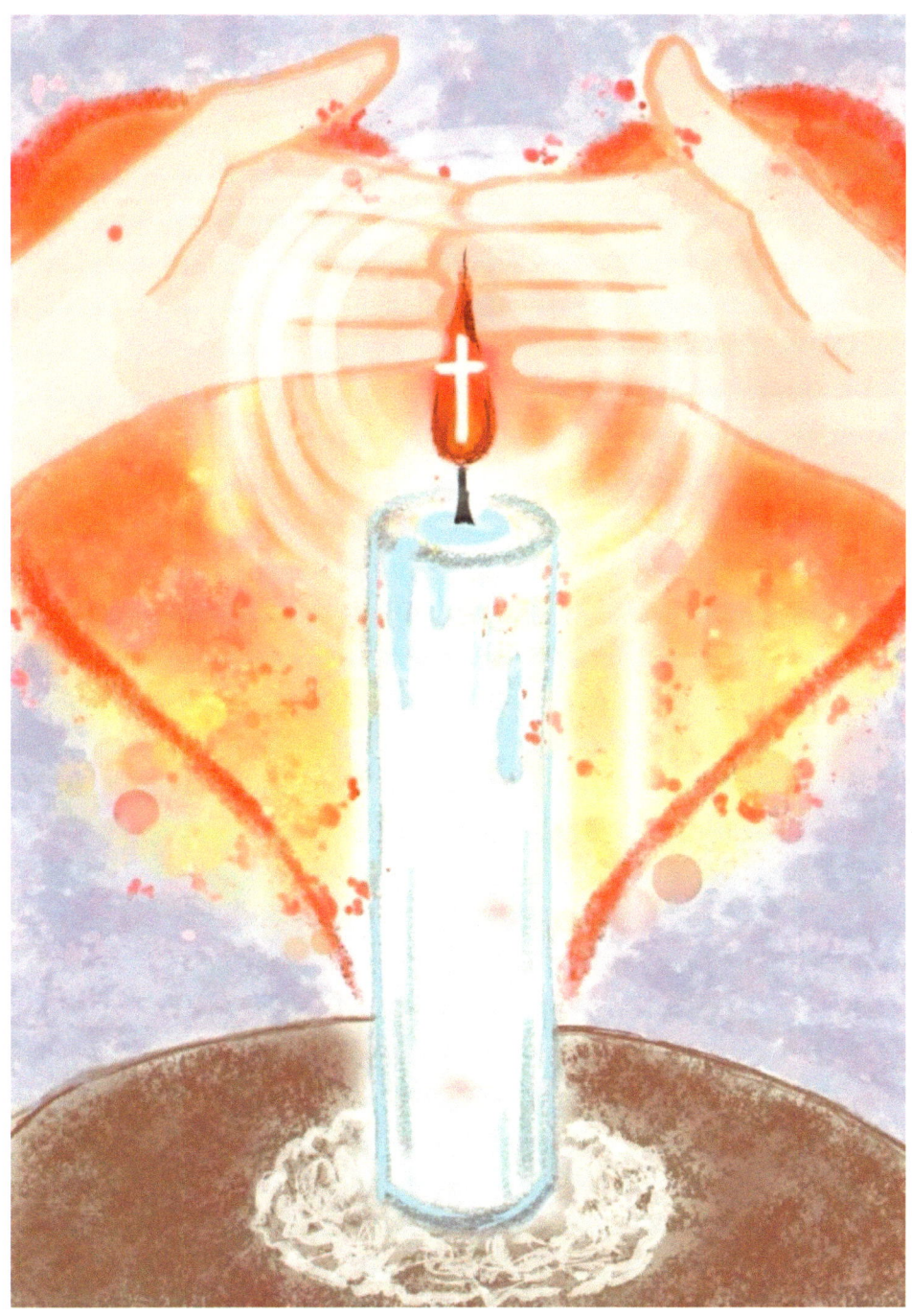

예수님이 보내는 편지 5

힘이 들어 주저앉고 싶을 때가 많았음에도
나와의 약속을 붙들어서 기뻤단다

네 손을 잡고 있는 보이지 않는 한 손이
나였음을 신뢰하였구나
그 약속을 함께 이루어 가자
내가 도와줄게

내가 너의 손을 잡아 준 것처럼
네 손이 닿는 곳에는
무지개가 피어나고
믿음의 불이 지펴지고
사랑이 강처럼 흘러가게 될 것이야

        내가 너의 눈물을 닦아준 것같이
        이제 눈물을 닦아주는 자가 되었구나

        서로의 얼굴이 마주칠 때
        어깨에 평강이 햇살처럼 쏟아지고
        광명한 빛 사이 천사들의 웃음소리가 들려

        나와 함께 가는 그 길 끝에는
        영광의 십자가만 있단다

        나의 보배로운 신부야
        이제 기쁨의 폭죽을 터뜨리자꾸나

예수님이 보내는 편지 6

보이지 않는 열쇠를 네 손에 주었단다
이것은 믿음과 상상으로 만들어졌지

열리고 풀리고 들어가게 되는
특별한 열쇠란다

네 걸음이 흔들리지 않고
이제 경쾌한 걸음으로
나와 발맞추어 행진하니

너를 생각하면
나의 눈가에 웃음이 번지고
마음이 시원해지는구나

내가 준 선물 안에 있는
숨겨놓은 선물들을 잘 찾아서
사람들에게 나눠주니
계속 하늘나라의 풍성함이 흘러가는구나

네 중심이 보좌에 닿았고
네 노래가 나를 춤추게 하고
네 간구가 내 마음을 흔들었구나

하늘의 별이 깜박일 때마다
기억하렴

내가 너를 축복하고 있다는 것을

예수님이 보내는 편지 7

나를 정말 많이 구했구나
모든 것을 사서 나를 구했구나

"채워지지 않는 갈망함의 끝은 어딘가요?
갈망을 채워줄 자가 누구인가요?"

헤매고 또 헤매며 걸어온
많은 시간들 속
그 자리, 그 자리 맴돌고 있었지만

네가 잡고 있는 것을
놓는 법을 배웠고
꽉 잡고 네가 하려는 그 어떤 집착도
내려놓을 수 있게 되었음을 나는 안단다

어깨의 무거운 짐을 벗고
나비처럼 훨훨 날아와서
나의 품 안에 안기렴

나의 어여쁜 신부야
나의 품에 안기렴

이제 너를 버리고
나를 가장 값진 보배로
고백해 줘서 고맙구나

내가 너의 참 기업이란다

예수님이 보내는 편지 8

마른 땅을 걷고 또 걸어왔구나
네가 걷는 곳에 유난히
먼지가 많이 일곤 했었지
신발을 벗고 다리를 쭉 뻗었을 때
쉼 속에서 쉼 없게 느껴지기도 했었지

그래
꼭 붙어있어야 했구나, 안간힘을 쓰며
네가 참 많이 수고했구나

한알 한알 영그는 포도 알갱이에
내가 햇빛을 주고 빗물을 주고 바람을 보냈단다

화이팅~!

눈에 보이지 않지만 날마다
포도 알갱이가 점점 커지고 있단다
이제 애쓰지 말아라
내게 그저 붙어만 있으면
싱그런 열매를 먹게 될 것이야

반드시 너를 지켜줄게
내 몸에 네가 붙어 있으니
너와 나는 하나가 아니더냐

예수님이 보내는 편지 9

너를 만난 한 사람 한 사람은
내가 초대장을 준 자들이란다

가난하고 주린 자들에게
나의 양식을 나눠주고
나의 음료를 마시게 하였구나

지나온 아픔의 길을 눈물로 닦아서
많은 사람을 빛으로 이끌었구나

무엇보다도 나를 택했기에
너를 찾는 자들의
발걸음에 빛을 보냈고
입술에 꿀을 맛보게 하였단다

보배로운 자야
네가 나눠주고 있는 것들은
보석이란다

너의 웃음
너의 노래
너의 몸짓
너의 작은 표정

네가 얼마나 값진 자임을
기억하렴

예수님이 보내는 편지 10

나의 고운 자야

나를 찾아오느라
눈 속에 발이 푹푹 빠지기도 했었고
빗길에 미끄러지기도 했고
낙엽을 밟는 길조차 낭만이 아니었었지

나를 만나기 위해서
내 이름을 그렇게도 많이 불렀구나
내가 어찌 너를 잊을 수가 있겠니

손을 내릴 수 없었던 기도와
등불을 끌 수 없었던 밤의 시간들을
기억한단다

이해하기 어려운 길을 지나오느라
많이 힘들었지

이제 내 품에 안식하렴
내가 준비한 왕관을 너에게 씌워줄게

얼굴과 얼굴을 마주 보며
너의 눈을 바라보며
행복한 왕의 미소를 보낸단다

나는 너에게
나 자신을 주고 싶어

예수님이 보내는 편지 11

너는 푸르름이야
싱싱함 자체이지
네가 부르는 영의 찬양은
천상의 바람을 일으킨단다

두근거리는 네 심장을
나의 손으로 덮어줄게
이제 소리를 들어보렴
바람이 불어오는 소리가 들리지 않니

이제 나의 눈으로
너를 바라보렴
네 안에 각양각색의
아름다운 열매들이 있단다

네 중심에
나의 사랑이 나의 숨결이 나의 기쁨이
올라오는구나
압축된 만큼 더 탄력 있게 올라가는 용수철

이제 자유가 풀어졌단다

십자가의 사랑을 품은 자여
그 달콤한 사랑의 향기가
나를 미소 짓게 한단다

예수님이 보내는 편지 12

아무도 모르게
나에게 풀어놓았지
남들이 몰라줘도
나만은 알고 있다고 말했었지

그 은밀함이 하늘에 닿았고
사람에게 받을 수 없는 위로의 보자기로
너를 품고 왔었단다

천사들이 함께 춤을 추었고
덩달아 웃음을 풀어놓았지

너의 값진 눈물을 눈물병에 담았고
향기 나는 찬양을 내 마음에 담았단다
나는 기억한단다

이제 말할 수 없는 임재
기름부음이 풀어지리라
치유가 임하리라

                    나의 귀한 신부야
                    네 목에 사파이어 목걸이를 걸어줄게
                    푸른 초원에서 천상의 말을 타고
                    나와 함께 누리자

                    오늘도 내가 함께 달려가 줄게

예수님이 보내는 편지 13

안개에 가려서 볼 수 없었던 것들

삶의 굵은 흔적
애통하고 아파했던 그 자리마다
꽃피게 되는 것을 보게 되리라
내가 너를 위해 준비한
마차를 보렴

그동안 지체된 시간만큼
달려오는 소리가 들리지 않니

나의 어여쁜 신부야
네 입에는 라일락 향기가 차오르고
네 눈에는 푸른 하늘이 담겼구나

내 사랑을 넉넉히 받을 수 있는 자여
이리로 오렴

신부의 드레스를 입혀주고
최고의 안락한 자리를 내어줄 테니
힘이 들고 쉼이 필요할 때는
내가 끄는 마차에 얼른 오르렴

잠잠히 내 음성에 귀 기울여 보렴

내가 너를 사랑한다
내가 너를 사랑한다

예수님이 보내는 편지 14

아무도 없었기에
나만 있게 할 수 있었단다
백지였기에 나를 그려낼 수 있었단다

네가 앉은 기도의 자리
믿음으로 선포하고 달려온 그 길에
보석 가루를 뿌려놓았단다

방울방울 흘렸던 눈물 구슬과
한 땀 한 땀 흘렸던 땀방울을 꿰어
하늘 보석으로 만들어지는 시간

하나씩 건네주었던 보석 알갱이는
함께 만들어졌기에
값진 것이 되었단다

네가 나를 드러내었으니

네 손길이 닿는 곳에
회복의 별이 뜨고
치유의 해가 뜬단다
네 눈길이 머무는 곳에
변화와 미라클이 이어진단다

네 안에 내가 있기에
너는 최상의 보석일 수밖에 없단다

예수님이 보내는 편지 15

나의 사랑을 아는 자여

터무니없는 요란함 속에서도
휑하고 지나간 바람의 자리에서도
너는 나만을 바라보았구나

감사로 부요를 사는 자여
기쁨의 노랫소리가
어둠의 목을 졸랐고
하늘의 호흡을 풀어놓았구나

네 속에 사랑이 꿈틀거릴 수 있는 것은
나와 네가 눈을 맞춘 까닭이고
숨 막힘 속에서도 춤을 출 수 있었던 것은
내 사랑으로만 가득 채운 까닭이었지

갓난아이가 엄마와 눈을 맞출 때
까르르 웃을 수 있듯이
너는 나만 있으면 행복한 자이구나

                              네 안에 내가, 내가 네 안에 있어
                              사랑의 호흡을 심어놓았으니
                              만나는 자들에게
                              생명을 풀어놓게 될 것이야

                              나의 사랑아, 너를 지켜줄게

예수님이 보내는 편지 16

나를 만나기 위해
무릎으로 다가온 시간을
기억한단다

너의 모든 주파수가 나에게
맞춰졌구나
남이 하지 못하는 것도
믿음으로 하였고
남이 꺼리는 것도
사랑으로 다가왔구나

네가 만진 내 옷자락에
강력한 빛이 임했고

너의 수치가 떠나가고
승리의 나팔소리가 온 하늘을 덮었구나
슬픔의 베옷이 벗겨지고
희락의 옷이 입혀졌구나

사랑하는 나의 신부여
내게 더 가까이 오렴

이제 손만 대었을 뿐인데
치유되고 회복되는 일이
너를 통해서 일어난단다

예수님이 보내는 편지 17

이리저리 찾아 헤맸어도
만족함이 없었지
나를 만나기 전까지

갈급함이 하늘의 창을 두드렸고
그 소리에 닫힌 창이 열리고
은혜의 비가 쏟아졌단다

금보다 귀한 믿음의 고백이
산을 이루고 산꼭대기의 땅에서도
풍성한 열매를 맛보게 되었구나

힘찬 찬양에 큰 방패가 도착하였고
눈물의 항해에
소망의 돛이 펄럭이게 되었지

어우러진다는 것이
쉬운 것이 아닌데
참 많이 받아주었고
사랑해 주었구나

내 품 안에서 새 힘을 얻는
전쟁에 능한 용사여

너와 마주하는 자들을 통하여
이제 하늘의 웃음이 풀어졌단다

예수님이 보내는 편지 18

내 곁에 머물고 싶고
나와 함께 있고 싶어
내 음성을 그리도 사모하였구나

오늘은 천상의 강에서
나와 보트를 타는 날
나와 함께 노를 젓는 것은
힘든 것보다 기쁨이 더하지 않더냐

은밀한 데이트를 할 때
천사들의 날갯소리와 함께
하늘에서 파티가 벌어지고
축하의 팡파르가 울려 퍼져

너는 혼자가 아니란다
네가 있는 곳에는 내가 있단다

언제나 내게 다가오고 싶은 것처럼
나 또한 그렇단다
네 마음이 영혼을 살리고 싶은 것처럼
나 또한 그렇단다

나의 목소리를 가까이에서 듣는
어여쁜 자여
오늘도 함께 가자꾸나

예수님이 보내는 편지 19

나의 사랑이 강이 되어 흘러갔고
너의 사랑이 출렁이며 내게로 왔구나
나만 바라보는 너처럼
나의 시선도 너에게 고정되었단다

봄 햇살의 따뜻함으로
만나는 자들에게
얼음 같은 상처를 녹여주고
지친 자의 손에 소망의 불씨를
건네주었구나

귀하고 귀한 자여
내가 너를 잘 안단다
여기까지 오느라
참 수고하였구나

이제 나의 사랑 안에서
안식하렴

펼친 네 손 안에
생명의 양식과 좋은 것들을
부어주리라

너의 귀에
내 사랑의 노래를 걸어 주리라

예수님이 보내는 편지 20

나와 함께 있기를 원하는
그 사랑이 순전하구나
행복의 프리퀀시를 높여 주는 자여
너의 행보가 이전과 같지 않으리라

너의 눈은 천리안과 같고
달려오는 발은 천리마와 같구나
네 입의 말은 사막에 꽃을 피우게 하고
네 노래는 푸른 초원 위에 무지개를 만들어

내게로 달려온 한 걸음
나를 알기 원한 한 호흡
나를 보기 위한 한 떨림

네가 생각만 하여도
이루어지는 일들이 많았었지

내가 네 마음을 만져주었듯이
찾아가는 걸음마다
밟는 땅마다 축복으로 변하리라

내 마음을 알기 원하는 아름다운 자여
너를 바라보는 나의 마음은
사랑이란다
사랑이란다

예수님이 보내는 편지 21

모략이 있는 자여
헤쳐나갈 수 있는
권세가 네게 주어졌구나

네가 휘두르는 칼날의 소리는
예리하고
어둠의 장막을 베고도 남는구나

나를 사랑한다고
울먹이던 앳된
신부의 고백을
잊을 수가 없구나

네가 걸어오는 길에
분홍장미 꽃잎을 깔아 두었고
내 손에는 네게 씌워줄
화관을 걸어두었단다

지나온 아픈 걸음과
베인 상처의 자리에서
이제 향기가 나는구나

나의 사랑하는 신부여
세상 시름 다 내려놓고
오늘도 나와 함께 춤을 추자꾸나

예수님이 보내는 편지 22

너를 기억하고
너를 생각하고
보기 원하는 자들이
너를 찾아오는구나

어미 닭이 알을 품듯
네가 품고 있는 자들은
생명으로 부화되고
너를 만난 자들은
갈한 목을 축이는구나

사는 날 동안 나를 마시고
나와 하나 되어 성찬에 참여하는
거룩하고 어여쁜 신부

너는 불을 통과한 자이고
내 마음에 합한 자이구나

네가 불을 지나왔으니
많은 사람을 불 가운데서
인도하는 자가 될 것이란다

내가 사랑할 수밖에 없는 자여

영원히 내 품에
너를 안으리라

예수님이 보내는 편지 23

네가 울 때
나도 참 아팠단다

어제의 분노는 석양에 걸어 놓았고
사랑은 해같이 힘차게 떠올랐구나
울음은 썰물같이 빠져나가고
웃음은 밀물같이 몰려와

내게 오는 발걸음에 힘이 더하여졌고
나를 구하는 마음에 기쁨이 더하여졌구나

이제 다른 사람들의
아픔을 보게 되었구나
너를 보는 자들은
너의 미소에
즐거워하고
마음의 문을 여는구나

지난날의 수치는 바다에 던져졌고
지난날의 상처는 별이 되었구나
네가 춤출 때 천사들도 함께 춤추고
네가 웃을 때 나도 덩달아 웃게 되는구나

나의 사랑하는 자여
너에게 평강의 옷이 입혀졌단다

예수님이 보내는 편지 24

시냇가에 심은 나무야

네 입에 환한 빛을 넣었단다
온갖 시름과 출렁이던 소리들은
멀리 던져졌구나

새들의 지저귐이 소음이 아니라
찬양하는 소리가 되었고
불협화음도 아름다운 멜로디가 되었지

나와 함께 출발하니 기쁘지 않니
해와 달도 너를 해치지 못한단다

어깨의 짐을 내가 가져갔으니
이제 가벼운 마음으로
나에게 오렴

이전에는 꿈꾸지 못하던
꿈을 꾸고
이전에는 기대할 수 없었던 일들을
보게 되리라

이제는 나타나리라
이제는 나타나리라

마른 땅에서 너를 인도한 내가
마르지 않는 샘이 되어줄게

예수님이 보내는 편지 25

하늘의 마음을 베꼈고
사람들의 마음을 시원케 하는 자여

실핏줄, 한 호흡, 세포 하나까지
너는 나를 그리워하는구나

애통함이 천둥소리를 삼켰고
하늘에 닿도록 뻗은 팔이
많은 자를 품을 수 있게 되었구나

짓물러진 눈에 빛을 넣었고
애통한 목소리에 생기를 넣었단다

하늘의 것을 끌어당기는 네 마음은
나를 향한 사랑이 아니더냐

                    나와 너의 마음은 연결되어
                    갖가지 청량한 꽃향기를 풀어놓고
                    사랑의 열매를 아낌없이 맛보게 해

                    영혼의 깊은 소리 스위치를 켜고
                    보좌의 생명수에 갈한 목을 채워

                    끊임없이 흐르는 생명의 물이
                    닿는 곳곳마다 새롭게
                    세대를 통해 흘러가고 흘러가리라

예수님이 보내는 편지 26

혼자 가는 길, 끝없게만 보이는 길
내가 너와 함께 걸어주었단다
비 맞지 않게 우산도 씌워줬단다

내 어깨에 기대어
꿈을 꾸어보렴

안개도 그치고
비도 그치고
눈도 그치게 되어있단다

네 마음의 창이
하늘색으로 물들고
햇살의 눈부심과 따스함
별들의 깜빡임을 마주하게 되고
활짝 활짝 열리게 되리라

                나의 사랑이 너를 덮고 있단다
                사랑만이 너를 숨 쉬게 한단다

                빗발치는 거슬림에
                네 눈물이 흘러나올 때도

                기억하렴
                내가 너와 함께 걸어왔다는 것을
                보이지 않는 우산이 되어 주었다는 것을

예수님이 보내는 편지 27

별을 따라 내게 온 자들을 기억한다

볼 수 있는 눈과 들을 수 있는 귀
깨닫고 다스릴 수 있는
지혜와 계시의 별

네가 나에게 올 수 있는 것은
내가 길이 되었기 때문이고
그 별이 네 마음에 떴기 때문이란다

먹먹하게 만드는 거센 비바람도
얼굴을 붉게 만드는 폭풍의 흔적도
마음 졸이게 하는 먹구름의 심술도

나와 함께 있으면 꺾이게 돼
나와 함께 있으면 사라지게 돼

내가 어느 곳에서나 빛인 것처럼
내가 보는 너 또한 그런 자란다

네가 가는 길에는
기름방울이 떨어지고
네 입에는 사랑의 노래가 흐르고
은총의 왕관이 날마다 씌워지리라

임마누엘
내가 너와 함께 한단다

예수님이 보내는 편지 28

네 마음이 나에게 닿아있고
영광의 빛이 임하였구나

너의 처소에 기쁨의 예배가 가득하니
세월이 지나도
더욱더 눈부시게 빛이 나고
사랑과 은총이 소복이 쌓이는구나

변함없는 목마름으로
나에게 다가왔기에
마른 곳에서도 생수를 공급했단다

추위와 강풍과 폭우와
상한 눈물 속에서도
가장 귀한 보배로 나를 선택했구나

나를 경외하는 너에게
잔칫상을 차려줄 것이니
함께 승리의 깃발을 흔들자꾸나

믿음, 소망, 사랑의 열매가
탐스럽게 열리리니
부족함 없이 채우리라

사랑하는 자여
네 잔이 넘쳐나리라

예수님이 보내는 편지 29

물건 하나도 만든 자가 있고
만든 자가 또한 고칠 수 있단다

사람을 창조하고
가장 기뻐했던 분이 존재한단다

나는 소중한 생명을 주었고
십자가에서 흘린 피가 죄를 희게 한단다

나는 무덤에서 다시 살아났기에
아파하는 자를 치유하고
소망이 없는 자의 등불을 밝혀 주고
길 잃은 자의 참 길이 된단다

내 안에서 영은 다시 태어나는데
부모가 자식을 버릴 수 없듯이
영으로 낳은 자녀들을
변함없이 끝까지 책임진단다

사랑하는 자여, 돌아갈 본향이 있단다

언약의 무지개를
네 마음에 걸어 두고 싶구나
내가 주는 것은 영원한 생명이요 평안

꽃이 피고 새가 노래할 때가 있듯이
지금은 나의 사랑을 전할 때이구나

예수님이 보내는 편지 30

걸어온 길을 뒤돌아보면
은혜 아닌 것이 없었지
비틀거릴 때도 넘어졌을 때도
천사 날개로 너를 보호했었단다

네가 선 자리에
빛의 파동이 손끝까지 임하고
네가 걷는 길목마다
희락의 꽃이 피어나리라

나와의 끝없는 사랑의 행진
경쾌한 발걸음마다
무수한 빛이 쏟아져

흥얼거리는 찬양에
새싹들도 춤을 추고
천사들이 마중을 나와
네 이름을 불러준단다

나와 함께 가는 길은
가장 안전한 길
행복의 문에 도달하는
유일한 길

내가 너의 참 길이란다

예수님이 보내는 편지 31

상한 마음을 고쳐주는
해독제가 나란다

홀로 울던 밤의 소리도
울분의 소리도
내가 듣고 있노라

나의 사랑이 네 마음에 부은 바 되니
세상에 하나뿐인 조건 없는 사랑
그 사랑으로 너를 세우리라

천성으로 가는 길에
잡초와 가시덤불을 베어버리고
나와 함께 헤쳐나가자꾸나

승전의 노래
승리의 함성
꽃들의 경쾌한 웃음소리

전쟁에서 승리한 빛나는 용사여

내가 함께 가는 길의 끝에
환하게 웃는 네 모습이 보이는구나
너는 반드시 승리할 수밖에 없단다
내가 함께하기 때문이란다

나만이 너의 참 소망이란다

예수님이 보내는 편지 32

네가 가는 길에 보호 천사가 있단다
내가 너를 위해서 보냈단다
기도와 찬양 소리를 담으려고
오늘도 천사들이 바삐 움직인단다

마음의 아픈 곳을 어루만져 주고
네 귀에 좋은 소리를 넣어준단다

이제 더 깊이 나를 알게 되는
새로운 시즌이 열렸단다

예전에 할 수 없었던 일들을
하게 될 테니
승리의 깃발을 흔들렴

너는 빛이라서
네가 가면 어둠이 도망가고
환해질 수밖에 없단다

얼마나 예쁘고 사랑스럽고 귀한지
너로 인한 기쁨의 미소를
감출 수가 없구나

내가 너를 안고 있고
놓지 않고 있으니

이제 나와 신나게 훨훨 나는 거야

예수님이 보내는 편지 33

네 속에 숨은 향기가
성령의 바람을 타고
코끝에 닿는구나

너의 향기를 맡은 자는 잊을 수가 없어
그 향기를 저장하게 된단다
이것이 곧 나의 향기란다

너의 손길이 닿는 곳에는
갖가지 꽃이 피어나고
호흡이 닿는 곳에는
생명수가 솟아나는구나

네가 흘린 눈물
영혼을 사랑하는 마음
나를 향한 식지 않는 열정에
나의 바람을 보냈단다

강렬하지만 따뜻한 바람
불쾌감을 날리고 길을 트는 시원한 바람
나쁜 것은 몰아내고 치유로 임하는 바람
천상의 좋은 것을 날라다 주는 바람
포근하고 평안해지는 바람

네 안에 불고 있는 성령의 바람

예수님이 보내는 편지 34

내 앞에 꿇어앉아
맞춰지지 않는 퍼즐 같은
이해하지 못하는 밤을 보냈지

너의 눈물이 닿는 곳에
생명이 살아나고
너의 눈물이 떨어진 곳에
사랑이 고이는구나

모든 것으로 나를 샀기에
남을 일으키는 자가 되었고
눈물의 부서짐으로
눈물을 닦아주는 자가 되었구나

너의 상한 마음을 내가 보듬어주고
멍이 든 세월을 보상해 주리라

                        빛나는 신부여
                        나의 사랑스러운 신부여
                        내가 아끼는 신부여

                        내 마음을 움직인 그 동력으로
                        더 높이 날아오르리니

                        네 손에 만국기를 쥐여주고
                        입가에 새로운 웃음을 부어주리라

예수님이 보내는 편지 35

너의 숨소리가 들리는구나
내가 모든 것을 알고 있단다

남모르게 흘린 눈물을 담은 눈이
하늘을 보게 하였구나

힘들 때마다 보혈에
네 심장을 담그고
외로움을 담그고
마음을 담갔구나

기도와 열정 하나로
그 힘든 시간을 지나왔고
그 아픈 시간을 견뎌왔구나

이제 모든 영역이 확장되리니
네 영은 신나게 하늘을 날아다니고
네 마음은 웃음으로 번지고
네 육체도 강건하여지리라

나의 어여쁜 신부야

담대함으로 나오는 네 모습이
마치 용사와 같구나

너는 사람들을
하늘로 이끄는 자란다

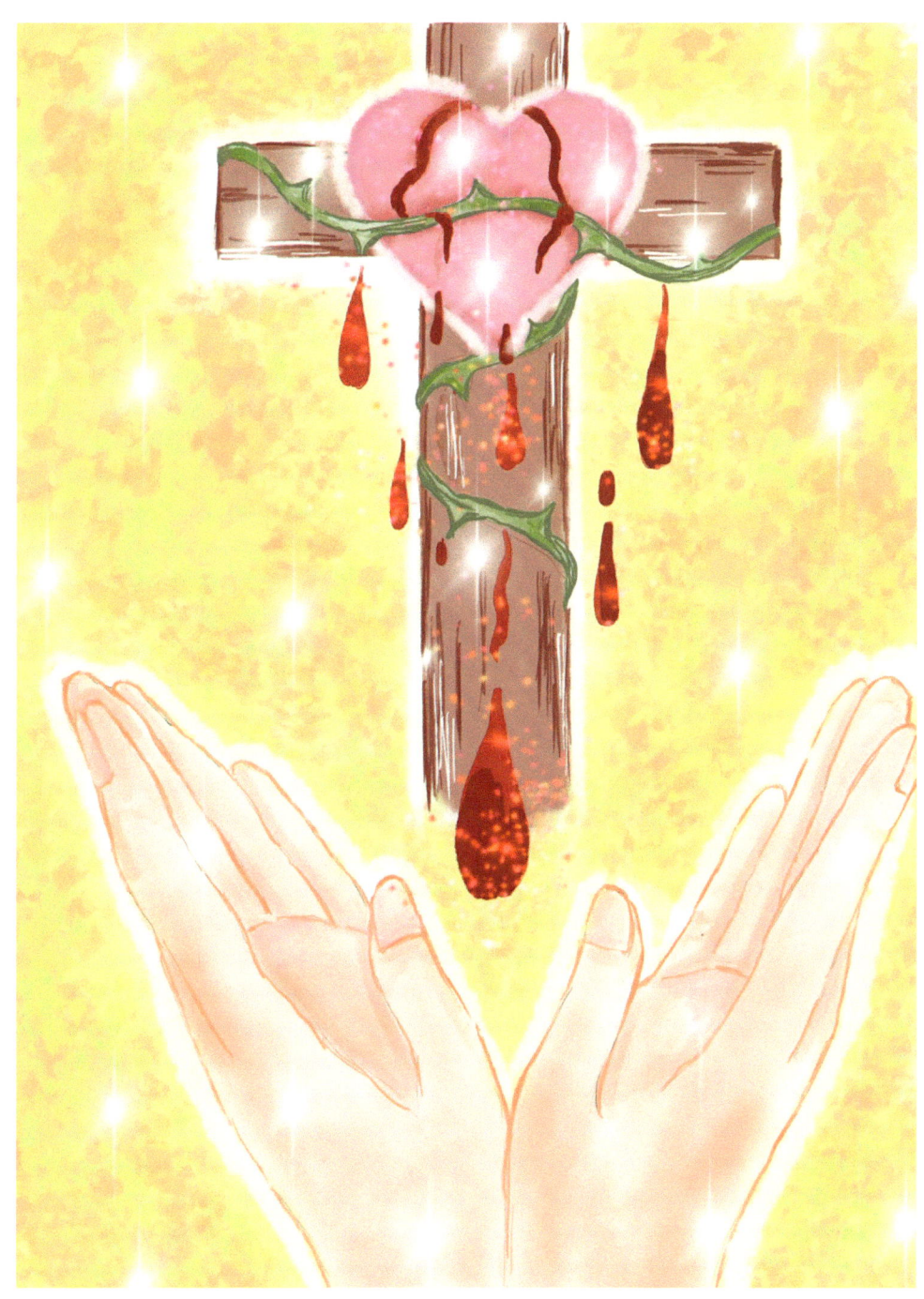

예수님이 보내는 편지 36

아름다운 마음과
순종의 발걸음

네가 뗀 발걸음이
나와 함께하는 십자가의 걸음이란다

네가 닿는 발걸음에
새로운 문이 열리고 있으니
영광의 빛 안으로
성큼성큼 들어오렴

너는 사랑이 없는 것같이
느껴질 때도 있지만
사랑이 많은 자란다
내 사랑을 넉넉히 나눠 줄 자란다

너의 따스한 온기에
사람들이 가까이 올 것이며
너의 시선이 나의 시선이 되고
너를 보는 자들이
나의 형상으로 변화될 것이란다

보혈과 불 보호막으로 너를 두르리니
나의 안으로 들어오렴
언제든지 너를 환영한단다

예수님이 보내는 편지 37

나를 향한 사랑의 고백에
내 마음이 동하는구나
네 안에 내가 있으니
너를 통해 나타내리라

나와 네가 연합된 것처럼
너는 화평케 하는 자가 될 것이다

네가 가는 곳에
기쁨의 향기가 진동하고
네가 하는 말에
영광의 빛이 임하리니

두려움은 끝이 났고
속임도 끝이 났단다
처음 나를 만났던 그 사랑

여전히
그 자리에
빛으로 임하리라

하늘을 향한 갈급함과
믿음의 손짓에

기꺼이 나타나리라
기꺼이 나타나리라

예수님이 보내는 편지 38

창가에 웃음이 깃들고
축복의 말이 오고 가니
어둠의 커튼은 벗겨지고
사랑으로 교체되었구나

예전에는 상상하기 힘들었던 일들이
눈을 뜨고 일어나면
펼쳐질 것이야

볼 수 없었던 세계가 열리고
내 음성을 듣게 되리라

나의 문은 활짝 열려 있으니
언제나 담대하게 나아오렴

천사의 찬양이 울려 퍼지니
마음껏 춤을 추렴

너의 짐은 가벼워지고
머리에 씌워진 화관이 향기를 발하니
천국이 이미 풀어졌단다

나의 사랑하는 자여
너의 기도가 보좌에 이르렀으니

날마다 새로운 기름부음으로
너를 일으키리라

예수님이 보내는 편지 39

두려움과 의심, 수치의 옷은
거둬가고
새로운 옷을 너에게 입혀주었단다

나와 함께 있기에
평강의 옷이 입혀졌단다

나를 신뢰하기에
자유의 옷이 입혀졌단다

나의 임재 속에서
영광의 옷으로 입혀졌단다

이 옷들은 사랑의 실로
꿰매진 것으로
실밥이 터지지 않고

네가 옷을 갈아입을 때마다
너를 보는 이들도
동일한 기쁨을
얻게 될 것이란다

아름다운 나의 신부여
이전 것은 지나갔단다

나와 함께 가자
내가 너를 사랑한단다

예수님이 보내는 편지 40

새로운 해가 떠올라
마음을 녹이리니
조각난 아픔과 비통함은 사라지고
변함없는 기쁨이
햇살처럼 쏟아지리라

슬픔은 잠시 스쳐 가는 것
내 안에 영원한 안식이 있단다

내 안에 머물 때 참 쉼을 얻고
에너지가 충전된단다

너에게 새 언약을 물어다 주고
부드러운 음성을 들려주리라
마음을 일으켜주고
필요를 공급하리라

나와 함께 기뻐하는 자여
우리가 함께 부르는 노래는
온 산을 울릴 것이니
잃어버린 노래는 다시 찾아졌고
선포는 힘이 더해졌구나

강하고 담대하여라
나는 의지하는 자의 피난처란다

예수님이 보내는 편지 41

순결한 신부로 나아오는
발걸음 소리가 곱구나
은혜의 신을 신고 다가오는
발걸음이 가볍구나

내 눈물 안에 잠긴
너의 눈물이 값지고
내 웃음 안에 잠긴
너의 기쁨이 향기롭구나

나의 빛이 네게 이르렀고
나의 불이 네게 이르렀으니

불이 너를 사르지 못할 것이며
물이 너를 침몰시키지 못할 것이라

내가 너를 불렀고
빛의 자녀로 삼았으니
네 빛이 열방을 덮고도 남으리라

내가 준 약속을 따라 걷는
네 발걸음에 복이 임하고
기도의 열매를 거둘 것이니

나만 바라보는 순전한 눈망울에
날마다 새로운 사랑을 넣어주리라

예수님이 보내는 편지 42

너를 두르리라
나의 임재로

너를 보호하리라
나의 사랑으로

하늘의 생명수로
너의 갈한 마음을 채우리라

생명의 임재로 둘러싸인 자여
일어나라 빛을 발하라
네가 가는 발걸음마다
생명수가 공급되리라

지난날의 아픔은 온데간데없고
춤추는 자
깃발을 흔드는 자
하늘을 풀어내는 자가 되리라

정결한 나의 신부여
네 중심이 나에게 있으니

은혜의 샘이 그치지 않고
마르지 않는 복이 있으리라

끝날까지 너의 손을 놓지 않으리니
내 손에 모든 것을 맡기렴

예수님이 보내는 편지 43

나를 더 알고 싶고
만지고 싶고
보기 원해서
내게 가까이 왔구나

그 무엇으로 채울 수 없는 목마름
끝이 안 보이는 갈급함의 눈물이
마른 땅을 적셔 생명꽃을 피워냈구나

사랑하는 나의 신부여
더 담대히 나아오렴

내가 너를 자유케 하고
모든 짐을 가볍게 하리라

의의 옷을 입혀주고
평강의 기름을 발라주고
희락의 샘물을 풍족히 마시게 하리라

나의 길 안에서
새로운 시즌이 열렸단다

역전의 표지판을 찬란히 걸어 놓았으니
나와 얼굴을 마주하고
승리의 깃발을 함께 꽂자꾸나

전쟁은 나에게 속하였단다

예수님이 보내는 편지 44

타협하지 않는 길
좁고 힘든 길
네가 걸어온 길

눈물로 닦아진 길
믿음으로 달려온 길
나만 보고 헤쳐 나온 길

나를 보기 원하는 갈망의 기도와
나를 알고 싶어 하는 사랑의 노래에
소망의 꽃이 피어나는 길

나와 연결된 하나의 길
나를 만나는 유일한 길
나와 닿는 생명의 길

너의 기도가 하늘길을 내었고
너의 헌신이 황금길을 내었구나

나를 만나게 되어
천국의 삶에 닿은 길

말씀의 길이 뚫려
가정 천국을 이룬 길

내가 길이 되고 진리가 되고 생명이 되는
참행복이 있고 참사랑이 가득한 길

예수님이 보내는 편지 45

감사의 문으로 들어오는
너를 기쁘게 환영한다

이제 자유가 풀어졌고
소망은 빛을 찾았고
사랑의 날개는 창공에 펼쳐졌구나

날마다 새로운 생각으로
믿음의 전진을 하는
용사의 발걸음을 축복한다

신뢰의 등불이 환하게 켜졌고
기대감은 새롭게 꿈틀거리니
하늘을 꿈꾸는 자가 되었구나

내가 너를 잘 알고
너도 나를 잘 알 수 있는 것은
나와 합하는 자는 한 영이기 때문이란다

수치는 사라졌고
하늘의 문은 활짝 열렸단다

희락의 샘이 터지고
은혜의 노래는 계속되리니

나의 기뻐하는 자여
내가 너를 사랑한단다

예수님이 보내는 편지 46

십자가에서
너의 아픈 상처와 찢긴 마음을
평화와 치유로 교환했단다

너를 향한 나의 사랑은
변함이 없고
거짓이 없단다

내가 너를 위로했듯이
위로가 필요한 자에게 손을 내미는
긍휼의 마음을 가진 자여

하늘이 열렸으니
너를 향한 사랑의 소리를 들어보렴

나를 사모하는
너의 심장 뛰는 소리가 들리는구나

감사의 노래가
보좌에 메아리치고
구원의 새 노래가 너를 덮으리니
너의 슬픔은 힘을 잃었구나

사랑하는 자여
내 이름을 부를 때에
기쁨의 새 옷이 입혀지리라

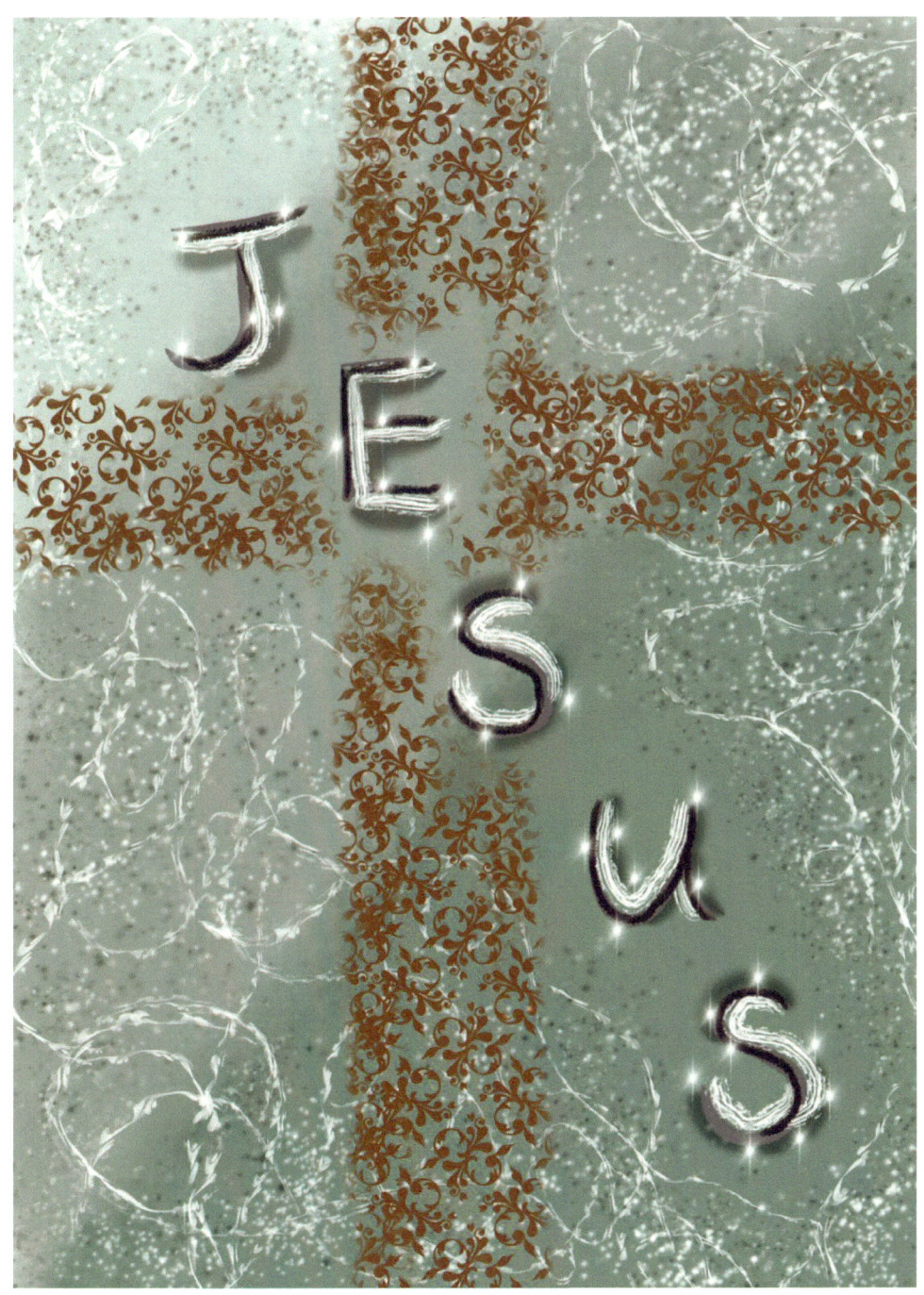

예수님이 보내는 편지 47

멈추지 않는 사모함과
변함없는 열정이
내 마음을 흔드는구나

나를 기뻐하는 자여
눈물의 인내로 기쁨의 단을 쌓았구나

승리의 깃발을 흔들고
쇼파르를 불기까지
때로는 침묵했어야 했고
때로는 속울음을 터뜨리기도 했었지

이제 여리고는 무너졌단다
나의 방법으로
네 안에 있는 함성으로

      나만 바라보고
      나와 눈을 맞추고
      나의 아름다움을 노래하는
      나의 어여쁜 신부여

      삶의 찬양이 하늘에 닿았고
      이웃에게 흘러갔구나

      하늘의 기쁨을 풀어내는 용사여
      나를 기뻐하는 것이 너의 힘이란다

예수님이 보내는 편지 48

생명수 안에만 있으면
새로운 뿌리가 나고
잎이 나고 꽃이 핀단다
나와 닿는 곳마다 새롭게 된단다

경배와 찬양
천상의 예배에 어둠은 떠나가고
천사들이 함께 찬양하는구나

하늘이 열리면
천사들이 바삐 움직인단다

너의 호응과 반응
격려와 칭찬의 말들이
무척 따뜻하고 아름답구나

두려움이 떠난 자리에
평안의 기름이 부어지고
노을 질 녘 여유로움과 안정감
하늘의 달콤함으로 물들 것이라

이제 네가 원하는 것들이
주어질 것이고
네가 바라보는 것이
실제가 되리라

예수님이 보내는 편지 49

너는 얼음 속에서도 피는 꽃이란다
잘 참아왔고 잘 견뎌왔구나

기도의 함성에
거짓의 산은 무너졌단다

내가 너로 인하여
콧노래가 나오고
가슴은 시원하구나

새처럼 나무 위에서
너만을 위한 노래를 불러 주고 있단다

너의 목마름에 나의 사랑을 부으니
폭포수가 되어 흘러가는구나

상처는 나의 노래에 씻겨졌고
너의 마음은 바다처럼 넓어져
품의 넓이는 셀 수 없을 만큼
넉넉한 자가 되었구나

나의 사랑하는 이여
내가 네 안에 있고
네가 내 안에 있으니

신부의 노래는
생명이 있고 힘이 있고 능력이 있구나

예수님이 보내는 편지 50

아무도 공유해 줄 수 없는
누구도 알 수 없는
혼자만의 아픔

나는 알고 있단다
내가 이미 체휼하였고
십자가에서 다 이루었단다

십자가 길 끝에 걸어 놓은
무지개 언약을 기억하렴

내 뜻에 맞춰 나아가고 멈추기도 하는
절제된 발걸음에
이미 킹덤이 임했고
빛이 임하였단다

네가 건네주는 말씀의 검이
사랑의 빛을 발하는구나

순종의 걸음으로 디딘 요단강에서는
세례도 치유도 기적도 일어났었지

내가 가리키는 곳을 향해
함께 바라보고 있고
잡은 손을 놓지 않고 있으니

뿌리까지 치유가 임할 것이란다

예수님이 보내는 편지 51

내가 너를 가장 잘 안단다

어깨의 모든 무거운 짐이
너의 찬양 소리에 떠내려가는구나

율법의 저주는 끊어졌고
울분의 심장은 기쁨으로 뛰고 있구나

영혼을 향한 꺼지지 않는 목마름에
하늘의 생수를
가득가득 부어주리라

은혜의 강에는 치유가 풀어졌고
대언에는 소망이 넘쳐나고
너의 부드러운 음성에는
강렬한 터치가 일어나는구나

강하고 담대하여라
내가 너와 함께 하고 있단다
너를 통해서 나를 보게 될 것이고
내 사랑이 흘러갈 것이란다

사랑하는 자여
구름기둥과 불기둥으로 너를 인도하리니

네가 누운 자리에 평강이 흐를 것이고
네가 속한 모든 것에 자유가 임하리라

예수님이 보내는 편지 52

내게 더 가까이 오기 원하고
온 맘으로 나를 알기 원하니
보이리라, 나타내리라

내가 너를 속량하였고
내 이름으로 너를 보호하리니
타오르는 불길의 역경 가운데서도
천사의 깃으로 너를 덮으리라

네 발을 나에게 내밀렴
내가 평안의 신을 신겨 주고
수치 가운데서 들어 올려
하늘 보좌로 이끌리라

아무도 너를 상하게 할 수 없단다
새로운 기름부음으로 멍에가 벗어지고
자유가 풀어지리니
네 입에는 찬양이 차오르고
형통함으로 나를 나타내게 되리라

사랑하는 이여
너와 네 가정과 교회를 보호하리니
이제 나랑 자유를 누리자꾸나

내가 너의 진정한 기업이란다

예수님이 보내는 편지 53

네 안의 중심을 안단다
네가 흘린 눈물이 바닥에 고여있구나

기름을 예비하는 자
기도의 등불을 끄지 않는 자
불의와 타협하지 않는 자

너의 섬김이 아름답구나
너에게 나의 신을
부어주지 않을 수가 없구나

나는 안단다
나를 사랑하는 너의 마음이
꺼지지 않는 심지가 되어서
타고 있다는 것을

어둠이 덮을 것같이 달려올 때
내 손을 잡고만 있으면
내가 이끄는 곳으로
순식간에 오르게 될 것이야

너의 등불은 더 환하게 될 것이고
너의 지경이 계속 넓어질 것이란다

사랑하는 나의 신부여
모든 것이 합력하여 선을 이룰 것이란다

예수님이 보내는 편지 54

나와의 극적인 만남
부르심 속
나를 알기 원하는 사모함의 극치

내가 너의 눈을 열어 주리니
새롭게 열리리라
마음에 사랑을
차고 넘치도록 부어주리라

안개에 가려져 있던 눈이
참 빛을 찾았구나

내 빛이 너에게 임하였으니
더 깊은 은혜와 영광의 빛으로
새로운 기름부음 속
변혁의 시즌으로 이끌리라

                    온 마음으로 사랑해 주어서 고맙구나
                    나의 사랑을 노래해 줘서 고맙구나
                    나의 사랑을 전해 주어서 고맙구나

                    나누고 베풀고 섬기는 마음을 칭찬하고
                    너의 상한 마음을 위로한다

                    나는 양을 위하여 목숨을 버린 선한 목자요
                    너는 나의 존귀하고 소중한 양이란다

예수님이 보내는 편지 55

나를 더 알기 원하는 너에게
마음껏 부어주리라

지난날의 아픔은 축복이 되고
흐르던 눈물마저 생명수가 되리라

나에게 기대렴
보혈 안에 있는 것이
가장 안전하단다

나에게 잠기렴
보혈에 생명이 있고
치유가 있고 능력이 있단다

이전에 할 수 없다는 생각은
내 안에서 패배했고
두려움은 나의 사랑에 꺾였단다

내 사랑에 잠긴 자여
화목케 하는 나의 신부여

너의 웃음이 아름답고
너의 목소리에 생기가 있고
너의 말은 사람을 세워주는구나

네가 가는 길에 생명수가 넘치니
나랑 즐거이 헤엄치며 가자꾸나

예수님이 보내는 편지 56

눈이 참 맑은 자여
너의 눈으로 보는 세상은
은혜가 넘치는구나

배려하는 마음의 눈이
돋보이는구나

나의 사랑을 많이 받은 만큼
나에게 웃음을 주는 자여

내가 너를 기억한단다
눈물의 고백과 입맞춤
그 헌신을

가장 귀한 것을 깨뜨린 여인처럼
너 또한 그런 자이구나

소중한 나의 신부여
지난날의 연민도
아픔도 깨어졌고
내 발에 쏟은 눈물의 사랑만이 남았구나

내가 너의 머리에
기름을 발라 주리라

세상 끝날까지 함께하며
넘치는 복을 부어 주리라

예수님이 보내는 편지 57

꺼지지 않는 심령의 타오름과
나를 향한 갈망과 기도의 불꽃
촛대를 밝히기 위한 헌신을
내가 기억한단다

나의 아름다운 신부여

내가 채우리라
갈망의 빈자리를
향기로운 기름으로
의에 주린 마음을
말씀의 계시로

내가 그곳에 임하여
나의 임재를 풀어놓으리라

생명시내와 불과 바람의 생기로
내가 붙들리라
나의 교회를

총명의 눈을 가진 충성된 자여
나에게 가까이 오기 위한 길에
방해되는 것은 아무것도 없으리라

하늘의 별처럼 지혜가 쏟아지리니
나의 뜻을 온전히 나타내리라

예수님이 보내는 편지 58

나의 눈물을 가진 자여
나에 대한 목마름이 크구나

사람을 세워주는 너에게
생명수가 계속 공급되리라

너의 갈급함은
어둠에서 더 밝게 빛나는
나의 빛이구나

환난 중 너의 감사가
나를 영화롭게 하는구나

귀하고 귀하다
빨간 튤립의 사랑 고백에
보라 튤립의 영원한 사랑으로
화답하리라

너는 나의 귀한 신부라
영원한 사랑이라
영원한 빛이라

나의 정원에서
천사들이 너를 위해
아름다운 화관을 준비하고 있구나

충성되고 아름다운 나의 신부여
내가 생명의 면류관을 씌워주리라

예수님이 보내는 편지 59

나의 따뜻한 시선과 마주칠 때
수치의 물동이를
내버릴 수 있었지

내 샘에 와서 나를 마시렴
내가 주는 물은
영원히 목마르지 않단다

너의 갈급함을 만져주리니
나를 더 알게 되리라

내가 채우리라
하늘의 생명수와
하늘 양식으로

영과 진리로 예배하는 자여
네 배에서 생수가 넘쳐나리라

어둠은 빛으로
사망은 생명으로
슬픔은 희락으로
헛됨은 소망으로 새롭게 바뀌었으니
이전과 같지 않으리라

이제 회복의 시즌 안으로 들어왔으니
주변까지 환해지리라

예수님이 보내는 편지 60

내가 늘 곁에서
응원해 주고 있단다
너의 손을 잡고 있단다

즐겁고 멋지게
너의 꿈을 이룰 수 있도록
그 길을 인도해 주고 싶구나

마음껏 나랑 얘기하고 소통하자꾸나
네가 하고자 하는 일을
내가 도와주고 싶구나

얼마나 너를 사랑하는지
걸어가는 한 걸음 한 걸음을 축복하고
너의 기도보다 더 많이
응답해 주고 싶단다

나와 함께 부르는 노래는
가장 고운 하모니를 이루어
세상 밖을 뚫고 나가
마음을 정결하게 하는 빛의 소리가 된단다

너로 인해 내 마음이 무척 기쁘단다
어여쁘고 사랑스러운 자야
나를 기뻐하는 것이 너의 힘이란다

예수님이 보내는 편지 61

나를 바라볼 때
새 힘을 얻을 것이야

발목에 힘이 주어지고
다시 달리게 될 것이란다

내가 너를 사랑한단다
내가 늘 응원하고 있단다
내가 너를 바라보는 눈으로
자신을 바라보기 바란다

이제 누리기 바란다
나와 함께 하기에
그 무엇도 너를 해칠 수가 없단다

나의 사랑하는 신부여
내가 너에게 새 힘을 주리라

하늘을 높이 오를 수 있는
독수리 날개를 달아줄 것이란다

내 안에서
새로운 용기가 주어지고
담대함이 주어지리라

천상의 향기로 너를 덮으리니
영원한 나의 사랑만이 남으리라

예수님이 보내는 편지 62

강렬한 뙤약볕과
끝이 보이지 않는 모래사막
깊은 어둠 중에 부르짖는 소리를
내가 기억한단다

이해하지 못할 웅덩이에서
건져 주었고
캄캄한 길을 걸을 때
빛을 비추어 주었었지

내가 너의 공급자요
생명의 주인이란다

너는 나의 귀한 신부란다

나를 향한 마음의 갈망을 내가 안단다
경배와 사랑의 고백의 언어들을
내가 기뻐한단다

내 이름으로 너를 도우리니
사막에서 오아시스를 발견하고
꽃이 피는 것을 볼 것이라

사랑하는 나의 신부여
내가 너의 발걸음을 인도하리니
삶에 감탄사가 솟아나리라

예수님이 보내는 편지 63

무거운 짐을 내려놓고
나의 안식에
잘 들어왔구나

십자가 죽음을 통과했으니
영광의 빛을 보리라

전쟁의 천사들은 파송되었고
보혈의 능력은 끝이 없단다

두려움은 문턱을
넘어오지 못하리니
내가 너와 함께한단다

어둠은 고개를 떨구었고
승전고가 하늘에 울려 퍼지니
빛과 생명을 가진 자여
담대함으로 나아올지라

새 바람이 불어올 것이고
네가 속한 곳에
연합의 기름부음이 임하리라

어둠에 빛이 임하였고
민둥산에도 생명이 돋아나리니

내가 다 이루었단다

예수님이 보내는 편지 64

내게 가까이 나오는
너를 기뻐한다

내가 새 힘을 주고
새 일을 행하리라

창가의 해바라기도
내 말을 듣기 위해
서로 고개를 내밀고

너도 나만 바라보는구나

이제 말씀의 검이
더욱 예리해지리니
검에서 눈부신 빛이 나리라

언약의 말씀을 향해
계속 전진하여라
사랑의 연합함으로
나의 몸을 세울 것이란다

내 품에 있기 원하는
나의 사랑아
나 또한 너를 품으니

나를 향한 사랑이
날마다 커져 가는구나

예수님이 보내는 편지 65

아기가 걸음마를 하듯
넘어져도 다시 일어나 걷고

나만을 바라보고
웃음 지으며 오는 네가
너무나도 사랑스럽단다

너에게 하늘의 비밀을
하나씩 하나씩 가르쳐 주었고
그늘진 마음자리에
나의 온기를 불어 넣었단다

반짝이는 총명의 눈을 가진 자여
너의 섬김이 귀하구나
두터운 사랑이
두려움을 밀어내었구나

                    밭에 감춰진 보화를 캐내듯
                    나를 발견하고 기뻐하는 모습
                    춤추고 찬양하는 모습이 아름답구나

                    네가 얼마나 빛난 존재임을
                    기억하렴

                    변치 않는 사랑으로
                    너를 사랑한단다

예수님이 보내는 편지 66

나의 말에 고개를 끄덕여 주고
나를 향한 시선이 아름다운 자여

내가 주는 검을 받기를 바란다
진리의 말씀만이 승리를 가져온단다

이제 칼의 날이 더 예리하게 되고
그 칼로 어둠을 잘라내리니
거짓의 베일은 벗겨지리라

말씀을 사모하는 자여
네 안에 내가 있어
평강의 기름이 흘러넘치고

진리를 알게 되고
자유가 풀어지리니
삶의 기쁨이 차고 넘치리라

나는 발걸음의 수를 세고
중심의 소리를 듣는단다

내 사랑하는 자야
다스리는 권세를 이미 주었노니
강하고 담대하여라

네 마음의 소리를 듣고 있으니
나의 행한 일을 보게 되리라

예수님이 보내는 편지 67

기대하며 두드렸던 소망의 문
이제 활짝 열리리라

나를 구한 시간
내게 기댔던 시간
내게 달려와서 품에 안겨
나와 독대한 시간

나만이 너의 치료자가 되었고
불협화음 속에서도 조화를 발견하고
나를 누리는 용사가 되었구나

무엇과도 비교할 수 없는
기쁨을 수확하였구나

너의 슬픔은 증발하였고
참자유를 풀어주는 자가 되었구나

이제 힘쓰지 않아도
지성소의 은밀한 처소로
기이한 빛으로 들어가리니
지혜와 계시가 계속 풀어지리라

아름다운 삶의 멜로디로 노래하고
담대함으로 전진하리니

내가 너를 끝까지 보호하리라

예수님이 보내는 편지 68

내 이름을 부르는
아름다운 노래의 씨가
성령의 바람을 타고
날아가서 번식하게 되리라

곳곳에 뿌리내리게 되리니
먼 곳에까지 자리 잡은 민들레꽃이
희락을 터뜨리고
나의 나라를 꿈꾸게 될 것이란다

흥왕하리니
너는 나의 사랑

내가 너의 손을 잡고 있단다

약속의 말씀을 기억하렴
너에게 다스리는 권세를 주었고
천사들은 항상 너를 보호한단다

이제 용기를 내어
할 수 없었던 일들을 하게 되리니
사랑만이 모든 것을 가능하게 한단다

너를 향한 나의 사랑은
거짓이 없고 영원하단다

예수님이 보내는 편지 69

시큰거리는 사랑의 고백들
알알이 보석으로 바꾸어

감싸주었지, 늘 격려하고
토닥여주고 너를 응원하였고
내가 너의 버팀목이었지

환경과 관계없는 즉각적인 만짐
내가 이끌어 주는 선한 길
내가 허락한 길에서
풀어지는 풍성함

지혜의 면사포가 하늘에서 내리고
배려의 융단이 깔려

보좌로부터 흐르는 찬양
회복의 새 노래
폭풍을 잠잠케 하는 노래로 덮으리라

달콤한 신부의 고백이
가슴 벅차게 하는구나

내가 너의 모든 것이 되었고
나 또한 네가 전부란다

나의 영원한 사랑아
끝까지 너를 지지한단다

예수님이 보내는 편지 70

눈물을 심고
웃음을 거뒀구나

네 손의 울타리는 사랑이고
눈맞춤도 사랑이구나

너의 노래는
생명수이고
너의 웃음은
시원한 폭포수이구나

조각목에 금이 씌워지듯
내가 너를 귀하게 쓰리라
너를 위하여 예비된
천국의 집을 꿈꾸어 보렴

                    기쁨과 승리의 노래를
                    함께 부르자꾸나

                    감사와 기쁨으로 소리를 높여
                    묶인 것들을 풀어내고
                    억눌린 자들을
                    자유케 하자꾸나

                    나와 보내는 하루는 달콤하고
                    나와 걷는 길에는 꽃들이 만발하단다

예수님이 보내는 편지 71

눈물 골짜기를 통과한 자여
끊임없는 영의 찬양에
하늘이 열리고 영광이 임하였구나

내 품에서 울 수 있고
나로 인해 기뻐할 수 있는 자여
꾸밈없는 순전함을 사랑한다

너의 말 한마디가
많은 사람의 심금을 울리고
너의 가식이 없는 행동이
마음을 열게 한단다

지독하게 나를 사랑하는 자여
내가 너와 함께한다

나의 사랑에
슬픔도 삼켰고
외로움도 삼켰구나

나를 향한 사랑에
강렬한 눈빛의 사랑으로
내가 찾아왔단다

나의 신부여, 모든 것이 은혜란다
구하는 것에 넘치도록 부어 주리라

예수님이 보내는 편지 72

너의 순전함이 감사를 낳았고
너의 성실함이 하늘에 닿았구나
갈망이 하늘로 솟구쳤나니

나를 향한 사랑이 날개를 달았구나

너를 보는 자들이
나를 볼 것이고
너는 천국의 소식을
물어다 줄 것이란다

공중을 나는 새의
먹을 것을 내가 공급하리라
너는 나를 나타낼 것이고
지식에까지 새롭게 되리라

너의 사모함이 날개를 달았구나

간절함이 하늘에 닿고
빛을 향하여 나아가리니

이제는 발버둥이 아닌
하늘의 바람을 타고 상승하리니
나를 간절히 찾는 자가 나를 만나리라

자유로이 하늘을 나는 자여
슈퍼내추럴, 나와 비상하자꾸나

예수님이 보내는 편지 73

경배에 하늘의 문이 열리고
성령의 비가 내리는구나

너의 정결한 기도가
어둠의 싸움을
빛의 승리로 이끄는구나

너는 나로 더불어 먹고
나는 너로 더불어 먹으니
내가 너의 기업이고
너 또한 나의 기업이 아니더냐

내 안에 사는 자여
나는 너의 참 기업이니
내가 선한 길로
이끌어 주리라

나의 사랑아

사탄은 정복되었으니
이미 승리한 싸움이란다

네가 차지할 땅을 바라보아라
내가 너에게 주리라

나는 너의 참 주인이며
너의 편이 아니더냐

예수님이 보내는 편지 74

슬픔과 염려와 두려움을 벗겨내고
소망의 깃을 주었으니
날아오르길 바란다

내가 너를 의롭게 했으니
아무도 정죄할 자가 없단다

나의 사랑이 너에게
너의 사랑이 이웃에게

사랑이 계속 부어지리라

네가 보내는 눈빛의 화살
너의 말의 화살이
상대방을 살리게 될 것이란다

사랑을 실어 나르는 화살에
천사들이 환호하고
함께 기뻐해 줄 것이며

사람들의 마음에
생명이 심겨질 것이란다

사랑하는 자여
네 영혼이 잘됨같이
범사에 형통할 것이란다

예수님이 보내는 편지 75

나의 문으로 들어온 것을
기쁘게 환영한다

십자가의 길을 지나
내게로 오는 길에
수많은 천사가 호위할 것이고
하늘길이 열릴 것이란다

나의 길에 들어왔기에
이전의 아픔들은
하나씩 태워지리라

천국의 꽃향기를 맡게 될 것이란다

밝음과 적극적
유쾌함과 상큼함
기분 좋게 하는 향을 가진 자여
너의 향기가 진동하는구나

        말씀의 언약 안으로
        나의 길, 나의 나라로
        인도될 것이니
        생각에 새로움이 입혀질 것이란다

        나의 어여쁜 자야
        내가 사모하는 영혼을 만족케 하리라

예수님이 보내는 편지 76

내 사랑아
심은 것들을 거두게 될 것이다
너의 사랑, 너의 위로, 너의 수고

내 안에서 심은 것들이
결코 헛되지 않을 것이니
내가 너를 격려하고
내가 너를 사랑한다

위로부터 부어지는
기름부음을 사모하는 자여
부어주리니
너를 통해 거둘 것이 많단다

이제 누리기를 바란다
내가 주는 양식을 받아먹고
내가 주는 포도 향기에 취하렴

                    내 안에만 안식이 있고
                    참 평강이 있단다

                    너의 심장의 소리를 듣고 있고
                    네 기도의 소리를 듣고 있단다

                    이제 함께 기뻐하고
                    함께 생명을 마시자꾸나

예수님이 보내는 편지 77

너를 향한 나의 사랑은 영원하단다
너를 나의 손바닥에 새겼단다

나의 사랑하는 자야
참 수고하였구나
아픈 마음을 내가 만져 주리라

나의 생명이 너에게 계속 흘러가니
푸른 초장으로 쉴만한 물가로
나의 인도함을 따라 나아오렴

너를 향한 나의 생각은
평안이요 재앙이 아니란다
미래와 희망을 주는 것이란다   나의 어여쁘고 귀한 신부여

흑암 중에 부른 찬양이 어둠을 녹이고
눈물의 간구가 폭풍을 꺾었으니
새 노래로 기뻐 찬양하며
나의 품에 안기길 바란다

내가 밀어주는 그네를 타고 쉼을 누리렴
내가 너의 발을 씻겨줄 것이며
너의 머리를 빗겨줄 것이고

네 머리에 찬란한 왕관을 씌워주리라

예수님이 보내는 편지 78

어떤 보석보다 귀한
나의 신부여

하늘의 악보가 내려오고
자유로운 영의 음률이 올라가
네 주위에 생명수가 흘러넘치리라

존귀한 나의 신부여
내가 너를 향한 마음을
표현할 수가 없구나

너와 내가 맞잡은 손은
천상에서 춤추게 하고
너와 마주한 눈은
어떤 슬픔도 감게 하니

세상이 감당하지 못할 꿈을 꾸고
나랑 날아오르자꾸나

너를 향한 나의 생각은
재앙이 아니라
생명과 평안이란다

누가 뭐라고 해도
변하지 않는 것은
너를 향한 나의 사랑이란다

예수님이 보내는 편지 79

순종하는 모습이 아름답구나
내 안에 거하는 나의 신부여
천국의 집이
아름답게 지어져 가고 있구나

자갈이 하나씩 치워지고
옥토가 되어
생명의 씨앗이 자라는구나

소망이 깊이
뿌리 내려져 있고
너의 입술의 열매는 향기롭구나

말의 권세는 힘이 더하고
나의 생명을 전하는 분신

      나는 너의 말에
      귀를 기울이는 자이고
      중심을 보는 자란다

      향기로운 자야

      네가 가는 길에
      천국의 꽃향기가 날리고 있단다

      나는 너와 거닐 준비가
      늘 되어있단다

예수님이 보내는 편지 80

예수님 발 앞에 무릎 꿇습니다
예수님께 가슴 깊은 사랑을 고백합니다

예수님 무릎에 머리를 기댑니다
예수님과 마주보고 웃음 짓습니다
예수님 손을 잡고 일어나 춤을 춥니다

예수님 옷자락을 잡습니다
예수님의 온기를 온몸으로 받습니다

예수님 품에 안기며 안식을 누립니다
예수님의 심장 소리를 듣습니다
예수님을 바라보니 웃음이 나옵니다
예수님이 노래에 화음을 넣어주십니다

예수님 안에서 눈물이 납니다
예수님이 눈물을 닦아 주십니다
예수님이 함께 우십니다
예수님이 '이제 괜찮아'라고 하십니다

예수님의 영과 나는 하나입니다
예수님이 '다 이루었다'고 하십니다
예수님만 있으면 됩니다

이렇게 읊조리는 네 마음의 고백으로
나도 기쁨을 감추지 못하겠구나
나도 네가 없으면 안 된단다

에필로그

편지를 읽고 눈물을 흘린 분들의 감동과 기쁨의 피드백을 모두 주님께 올려드립니다.

- 편지 맨날 읽어요, 진짜 주님이 써 주신 것 맞아요.

- 처음 받아서 읽고 너무 먹먹했어요.

- 너무너무 감동이에요, 제 맘을 딱 아시고, 위로와 격려와 치유가 되네요~.

- 기름부음이 막 흘러넘쳤어요.

- 하나님의 마음이 느껴지면서 위로와 치유와 감동이 배가 되어 밀려오네요.

- 보고서 울컥했어요. 마치 예수님이 옆에서 말씀하시는 것 같았어요. 제 마음을 어찌 이리도 잘 표현해 주고 만져 주시는지 모든 게 다 풀어진 것 같아요. 정말 감동감동입니다.

- 마음의 위로가 충만합니다.

- 예언 받은 말씀들을 확정해 주셔서 감사합니다.

- 정성 담긴 예수님의 편지 잘 받았어요. 주님의 사랑이 넘 느껴지는 편지네요. 왜 이리 눈물이 나는지요. 감동의 편지 감사합니다~.

- 받자마자 숨이 턱하니 막혔어요. 진짜 주님께 편지 받는 느낌이었어요.

- 예수님의 편지 받고 눈물 핑 돌았네요.

- 나직이 소리 내서 읽다 보니 어느새 마음은 감사와 감격으로 뜨거워지고 눈에서는 눈물이 펑펑 쏟아지네요. 이 땅에서 하나밖에 없는 나를 위한 시 너무 감동입니다. 마음이 너무 따뜻해지고 격려와 위로가 됩니다.

- 위로와 격려 소망을 주는 아버지의 마음이 느껴지네요.

- 너무 좋고 공감이 됩니다.

- 힘들어했던 저의 마음을 예수님의 사랑으로 녹여주셨던 영감 있는 시입니다.

- 어쩜 저를 이리 잘 아시고 위로해 주시는 거지요. 예수님이 직접 쓴 것 같은 감동이 듭니다.

- 너무 기뻐 춤추며 방언으로 화답했어요.

- 지금의 저의 상황과 넘 맞아서 감사해요~.

- 나의 마음을 읽어내어 한 편의 아름다운 시로 눈물과 기쁨과 소망을 주는 예수님의 마음을 편지로 작성한 것이 너무나 놀랍습니다.

- 편지를 읽는데 기름부음이 옵니다.

- 예수님의 사랑의 속삭임이 고스란히 온몸으로 흡수되어 박힙니다.

- 성령님의 감동에 의해 쓰여진 편지입니다. 편지를 통해 주님의 만지심을 경험했습니다~~. 주님의 마음이 전해지게 하심을 감사드립니다.

- 눈물 주르륵이에요. 예언적인 시이면서 저의 믿음 생활의 핵심을 옮겨다 놓은 거 같습니다. 너무너무 감사해요!!♡

- 등기 봉투를 받아서 들고 너무 기뻐서 할렐루야 찬양을 부르며 춤을 추면서 너무 기뻤습니다. 읽으면서 내 눈에는 기쁨과 감사의 눈물이 나면서 내 마음을 만지시면서 위로해 주시는 주님 사랑에 푹 빠져들고 말았습니다. 내 마음의 시를 주시니 감사합니다. 많은 위로가 되었고 기쁨이 되었습니다.

- 너무 위로가 되네요. 정말 예수님이 보낸 편지라는 생각이 들어서 울컥합니다~♡♡

- 위로와 격려, 소망을 주는 아버지의 마음이 느껴져요. 귀한 글을 보내주셔서 감사합니다.

- 그런데 주님의 편지를 받고 보니 마치 주님이 저의 눈을 보시고 말씀하시는 것 같아 너무 좋았어요.

- 내 입에는 웃음이 가득 차고 혀에는 찬양이 넘친다는 게 제 현재의 표현이에요.

- 보내주신 예수님의 편지 잘 받았습니다. 힘이 나고 눈물이 하염없이 흐릅니다.

- 영감 있는 시, 너무 정확하고 아름다워요.

- 힘과 위로가 되네요. 따뜻하고 부드러운 주님 손길이 느껴집니다~^^

- 눈물을 닦아주는 사랑의 편지에 감사드립니다.♡♡